www.ingramcontent.com/pod-product-compliance
Lightning Source LLC
Chambersburg PA
CBHW060857220526
45466CB00003B/1413
* 9 7 8 1 6 7 6 6 2 0 8 7 7 *